UN ROYAUME

ET UN HOMME.

> Peut-être ne doit-il pas (le ministère futur) accomplir des espoirs généreux ; peut-être doit-il amener des chances périlleuses.
>
> Que m'importe! le remède aura coupé le cours d'un mal invétéré, et la nature aura repris des forces pour s'opposer à l'invasion d'un mal naissant. (*Le Ministre*, mai 1826.)

IMPRIMERIE D'A. PIHAN DELAFOREST,

rue des Noyers, n° 37.

1828.

Nous, royalistes de l'opposition, serviteurs dévoués de la monarchie, adversaires inflexibles du ministère, nous n'ignorons pas que les traits lancés contre celui-ci doivent aborder celle-là, que les efforts tendant à renverser l'un, peuvent ébranler l'autre.

Nous ne l'ignorons pas ; et loin que la douleur dont nos cœurs sont brisés, nous arrête, nous retienne, c'est elle-même plutôt qui anime, qui excite nos esprits.

Ces craintes, ces risques tiennent à cela même, que le ministre, poussant l'indignité au-delà de toute conception, a osé faire intervenir la volonté royale à l'appui de ses vaines idées ; en sorte que la couronne, frauduleusement identifiée avec le cabinet, se trouve soumise, dès ce moment, à entrer en partage des haines, et quelque jour, à être enveloppé dans la ruine.

Là, réside le péril capital, le péril imminent, auprès duquel nul autre ne compte, ne marque, ne pèse.

Et c'est ce péril qu'il faut prévenir, qu'il faut

repousser, par devoir, puisque la légitimité est menacée, par honneur, afin que la connivence ne soit pas soupçonnée.

Sans doute le ministre doit s'en plaindre et s'en choquer ; il doit même insulter, outrager. Tant que son lâche système n'est pas abandonné, tant que ses ténébreuses menées sont poursuivies, le seul crime, suivant lui, sera de soulever le voile, de mettre à découvert les artifices.

Mais si les royalistes sont coupables, s'ils compromettent le trône, pourquoi donc ne conjure-t-il pas la foudre prête à éclater ? Qu'il enlève la cause seulement, qu'il se retire.

Les royalistes ne créent pas le péril : ils le dénoncent, ils le proclament.

Car, s'il n'y avait qu'eux, telle est leur profonde dévotion à la couronne, que tout ce qui procède d'elle, les rencontrerait pourvus de patience, les laisserait ouverts à l'espérance.

Mais qu'est-ce que les royalistes ? une milice consacrée au service du monarque ; et non pas cette peuplade parsemée sur le sol de la France, peuplade qui, de son état naturel d'apathie, a été tirée à force d'injures, a été enfin mise en furie.

(5)

Le feu a pris au sein de cette peuplade ; et, certes, ce ne sont pas eux qui ont forgé tant d'ineptes projets, tant de mesures arbitraires ; ce ne sont pas eux qui ont chargé de nuages et de tempêtes, le laps de temps écoulé depuis 1821.

Les royalistes se tiendraient-ils à l'écart ? Ce serait laisser en présence et face à face, d'une part, le ministère, ce semble, enchaîné au trône, de l'autre, une nation ameutée par des chefs audacieux.

Les royalistes se rallieraient-ils au cabinet? Ce serait épouser sa honte, favoriser ses complots, contribuer à la perte de l'Etat.

Les royalistes ont une double mission à remplir : soit d'éclairer la couronne sur les erremens du ministère ; soit, après la chute du ministère, de se presser autour de la couronne, présentant à l'opinion inquiète peut-être de sa victoire, l'oriflamme du ralliement.

Et ils parlent, non pour se rendre les organes des passions irritées ; mais, puisqu'il n'y a pas moyen de leur imposer le silence, afin qu'une voix loyale et sensée s'élève et contraste au milieu des accens de la colère.

Qu'on les fasse taire : il n'y aura qu'un cri !

Les ministériels ne le nient pas.

L'état présent des choses est précaire , est périlleux; et s'il se prolongeait , les conséquences forcées qui en dérivent, aboutiraient à la ruine du royaume.

Le gouvernement du cabinet, qu'on doit distinguer de celui du Roi, que la charte a défini, n'est point un gouvernement.

Rejeté par la haine et le mépris, réprimé par la pairie et la magistrature, son chef s'imagine peut-être semer de l'absolu au vague de l'avenir, et ne parvient qu'à récolter, au moins dans ce moment, de l'arbitraire.

Cependant quelle est la puissance qui régit, quelle est l'influence qui agit? car il faut bien que la vie réside en quelque lieu, s'exerce en quelque manière.

Hélas! la puissance, l'influence dont ne dispose plus un doigt inhabile, échoit au premier venu, passe de main en main, flotte incertaine, inégale.

C'est l'anarchie, laquelle, en attendant qu'elle soit domptée par le bras de la force, trouble, tourmente, bouleverse le siège de la pensée.

Et l'arbitraire, trop lâche ou trop faible pour soutenir la lutte contre une transaction provisoire de principes, contre une alliance éventuelle de volontés, se voit contraint, après avoir vainement invoqué la discorde, à chercher un refuge derrière le trône, derrière l'autel.

Tantôt la royauté est mise en scène, afin d'en imposer aux uns, de s'attacher les autres, de détourner ou amortir les traits.

Tantôt la religion est jetée en avant, afin de couvrir les desseins, de protéger les manœuvres, de fondre les résistances.

Il n'importe que l'une et l'autre en patissent : Abîme tout plutôt, c'est l'esprit du ministre.

Ici, les ministériels diffèrent des royalistes :

C'est une crise, disent-ils ; elle était inévitable dans le passage de l'ordre ancien à l'ordre nouveau ; bientôt un terme y sera imposé, bientôt le triomphe la couronnera.

Mais pour justifier ce pronostic, voyons-nous que la fièvre se ralentisse, que les remèdes adoucissent les symptômes ?

Certes, les remèdes n'ont pas manqué ; la fraude et la menace ont prodigué leurs tributs ; les tours d'adresse et les traits de violence se sont succédé.

La société a été soumise au régime des coups d'état ; sorte de prescriptions qui mettent les humeurs en mouvement, consument la force centrale, et requièrent ainsi d'être dispensées en dose progressivement augmentée.

L'embarras doit être extrême; car lorsque le paroxysme s'aggrave sans cesse, comment trouvera-t-on des spécifiques plus énergiques encore, c'est-à-dire plus appropriés?

Et si le patient est enfin laissé en repos, est abandonné à son libre arbitre, comment pense-t-on qu'il traitera son bourreau de médecin?

Pauvres ministériels! il leur faudrait un miracle, un évènement en dehors et à rebours de l'ordre naturel.

Qu'ils prennent des lunettes : le premier livre d'histoire va leur apprendre enfin, que tous les ministres déloyaux ou insensés concordent parfaitement sous ces deux rapports.

En adoptant l'usage de se confondre, de s'identifier à la couronne, jusqu'au point de prétendre qu'elle périrait sans eux :

Puis, en suivant leur système, sans rien observer, sans écouter personne, au risque de se perdre, et de perdre l'Etat avec eux.

Un écrit publié il y a six mois, dont les prévisions ne sont que trop justifiées, a indiqué les suites d'un tel état de choses.

« Le temps marche, poussant ce qui vit vers la décrépitude, et portant ce qui naît à la maturité. D'une part, la force s'affaiblit, de l'autre, la faiblesse se fortifie ; chaque jour se rapprochant du niveau, bientôt se tenant en équilibre, puis renversant la balance.

Tout ministre est soumis à de telles conditions ; et d'autant qu'il est plus clairvoyant, plus prévoyant, d'autant il est disposé à appliquer la méthode de compression à cette opinion qui croît et grandit de jour en jour ; à essayer, quant à son pouvoir, qui s'affaisse et s'applatit au même degré, quelque procédé de renovation.

De là viennent le licenciement, la censure ; de là viendront la dissolution d'une chambre, l'altération de l'autre : tentatives obligées, mesures intimement liées.

Doivent-elles s'accomplir au gré des espérances? la question est indifférente à résoudre.

Pour le pouvoir qui se met en opposition avec le cours naturel des choses, le succès n'offre qu'un intervalle de repos, n'apporte qu'un retard de ruine : un court laps de temps remet tout au même état ; quelque peu plus tôt ou plus tard, le péril est prêt à fondre.

Ici, le géant du despotisme et le nain de l'arbitraire, dans les orbites tellement disproportionnés de leurs sphères, se montrent sous des phâses identiques.

C'est qu'il y a entre eux une similitude parfaite sur le point capital. « Deux signes caractérisent l'aberration des facultés intellectuelles, soit de reculer et fuir devant les destinées qui nous poursuivent, soit de franchir et dépasser les barrières que nous impose la nature des choses.

Passez du géant au nain; rappelez-vous Moscou, Leipsick : et bien que la pudeur empêche de désigner les ignobles traits qui représentent ces traits éclatans, prenez sur vous de les comparer en silence. » (*La Censure*).

Veut-on entendre la vérité ?

« Le pouvoir se mutine en vain : il lui faut s'assouplir, s'accommoder aux éternelles lois.

La société n'a de vie que par l'action, par le concours des volontés : c'est une troupe de bêtes brutes lorsqu'elles restent dans l'inertie, de bêtes féroces lorsqu'elles entrent en hostilité.

Or, les volontés qui ne sont point entraînées à l'insu du jugement, par le mouvement machinal des habitudes, doivent être déterminées par l'opinion, soit qu'elle provienne de l'autorité religieuse, soit qu'elle se forme par l'exercice de la raison humaine, ou doivent être commandées par la force, soit qu'elle s'exerce par des actes de violence, soit qu'elle agisse à l'aide de la crainte.

Dans l'état actuel des choses, on ne peut sappuyer ni sur les habitudes machinales, ni sur l'autorité religieuse ; dans nul état de choses, on ne doit se reposer sur l'emploi immédiat et matériel de la force dont les frais sont énormes, dont les risques sont imminens.

Et la sorte de statagême par lequel la force, en se montrant, en menaçant seulement, apporte le secours de la crainte, ne présente qu'un nouveau mode d'influencer l'opinion.

On a beau dire et beau faire ; tout gouvernement est contraint, pour obtenir l'action et le concours des volontés, à s'occuper de l'opinion, à travailler l'opinion, au moyen de la raison ou de la crainte.

L'Angleterre s'est astreinte depuis cent cinquante ans, à suivre la première voie, ou plutôt y a été réduite, après avoir fait pendant deux règnes l'épreuve funeste de la seconde : en France, il semble qu'on n'est nullement éclairé, ni par la dure leçon qui fut subie en ce pays, ni par les brillans et solides succès qui furent acquis ensuite. » (*Un Homme de trop*).

Un tout autre système est suivi.

« C'est la révolution, s'écrie-t-on à toute occasion.

Or, la faiblesse perdit le saint roi. Il faut dé-
ployer la force, exercer des rigueurs, jeter l'effroi.

Mais la force s'use par son emploi ; la force
tourne dans la main ; la force est sujette à usur-
per l'empire.

Mais les rigueurs siéent mal de nos jours. Elles
répugnent et fatiguent ; le ridicule les tue.

Et quant à l'effroi, le sabreur du 13 vendé-
miaire, du 18 brumaire n'est plus sur le trône.

C'est se débattre follement ; c'est se révolter
contre la destinée.

Cette population exaspérée peut-elle être gou-
vernée, ou peut-elle être ramenée ?

L'espérance ne se fixe ni sur l'un ni sur l'autre
de ces termes.

Comment la gouverner ? la force morale est
hostile ; la force judiciaire est au moins neûtre. Il
ne reste que la force militaire. Et d'où vient-elle ?
à quoi tient-elle ?

Comment la ramener ? a - t - on jamais vu un
ministre tourner du mal au bien, un peuple passer
de la haine à la foi. Le ministre changerait, nul n'y
croirait.

Défiance et colère s'aggraveront de jour en

jour. Après avoir rejeté les leçons du passé, il y a plus de risque encore à repousser les menaces de l'avenir. (*Un Français aussi au ministère*).

Cependant sous le coup des vaines tentatives, après qu'une longue période s'est déja écoulée, on prétend en ouvrir une nouvelle, on espère la prolonger jusqu'au même terme : et le temps, qui manque au bien plutôt qu'au mal, le temps, qui devait murir le bon grain, ne se charge que des fruits les plus amers.

Qu'on se soutienne encore pendant quelque durée ! Chaque jour amoncelle les obstacles, exagère les dangers, de sorte à commander des mesures analogues en violence.

Qu'on l'emporte enfin, si cela était possible ! La jouissance serait assaillie par des anxiétés d'autant plus poignantes ; la victoire amènerait la ruine.

C'est que les sentimens vitaux de la société s'altèrent et se corrompent ; c'est que la raison vouée à les maintenir, ou destinée à les rappeler, se trouble, s'égare, se perd.

Quant aux sentimens, quelques soient les vœux et les efforts contraires, il leur faut de toute nécessité se mettre en rapport, se tenir à l'unisson des sensations qui atteignent, qui saisissent; n'offrant pour ainsi dire que l'expression concentrée dans le for intérieur, des impressions survenues du dehors.

Ainsi qu'on le voit trop, les cœurs vulgaires, sans intervalle, sans défense, au premier choc, dévient de leurs erremens; tandis qu'en dépit de la résistance la plus constante, les ames fortes et hautes sont domptées enfin et cèdent aux assauts réitérés.

Quant à la raison, plante mal enracinée au sol mouvant de France, qui requérait d'être soutenue par un tuteur puissant, elle est bientôt ébranlée et brisée, alors que tous les vents la battent tour-à-tour.

Et c'est ce qui arrive dans cette lutte ardente, dans cette mêlée confuse, où sans doute l'opposition ne reste pas toujours fidèle aux lois de la logique, où surtout le ministère, renchérissant sur ses procédés, pousse, non pas l'art, mais l'artifice des sophismes, jusqu'à un point encore inconnu.

Or, vous avez abattu vos ennemis, vous êtes parvenus à vos fins, et vous allez fonder au sein du calme, l'ordre le plus parfait.

Politiques à rebours ! Quant aux formes, ce sera le beau idéal ; ce sera une utopie sur le papier. Voilà assez de gloire peut-être. Triomphez donc, mais en idée seulement, en imagination. Dans le fait, rien ne s'organisera, rien ne se consolidera.

La société, en tant qu'elle est une réunion d'êtres doués d'un cœur et d'un esprit, se trouve dissoute : nulle relation morale n'en rallie les membres, nulle influence intellectuelle ne les dirige, ne les réprime.

Le sauvage et la bête brute possèdent encore l'instinct conservateur de la nature ; du moins leurs besoins natifs restent en concordance avec leurs moyens acquis. S'il est difficile de les gouverner, aussi cela est presque inutile.

Il faudrait ramener cet état primitif ; il faudrait recommencer l'homme, recréer le fils et le père de famille, puis le sujet ou le citoyen ; il faudrait réformer la société dans ses élémens, la réinstituer sous sa condition ancienne.

D'autant que votre établissement se rapprochera dans les formes, du beau idéal, d'autant, au fond, il contrastera avec la hideuse réalité.

Toute conscience étant blasée, toute intelligence étant fourvoyée, rien que la force matérielle, appliquée à chaque instant, employée sur tous les points, sera capable d'ériger, d'étayer le système social.

Mais cette force découle-t-elle immédiatement de votre volonté? provient-elle par émanation de votre être? est-elle à vous? est-elle vous-même?

Autrement et dans le cas que les élémens militaires soient identiques avec les élémens populaires, en les mettant en contact, en les lançant les uns contre les autres, c'est doubler la puissance, la rage de vos ennemis.

Il faut considérer la situation des Chambres et de la couronne.

Le système représentatif doit être entendu dans ce sens, qu'il porte des garanties au trône, en retour des prérogatives qui lui sont cédées, par le moyen de l'ascendant moral que les Chambres ont à exercer sur les peuples.

Pour conquérir cet ascendant, deux conditions sont requises : l'une attenante à la formation régulière des pouvoirs; l'autre dépendante de l'action loyale et sensée des pouvoirs.

On sait comment la première a été violée, quant à la seconde Chambre, par les manœuvres des élections, par la prorogation septennale; et quant à la Chambre haute, par les créations arbitraires de pairs, trois fois réitérées, chaque fois exagérées.

Tellement qu'à bien dire, il ne reste des deux Chambres, ainsi qu'elles étaient conçues dans la Charte, que le squelette, la carcasse, seulement intitulés de l'ancien titre.

'A l'égard de leur action, les espérances parlaient, les mécomptes ont répondu. Au lieu d'écouter toujours et d'accueillir parfois l'opinion, sans jamais la flatter, sans la choquer non plus, l'influence du ministère a généralement prédominé.

Au lieu de se rendre les organes des peuples auprès de la couronne, de se rendre les arbitres entre les vœux de la nation et les vues du cabinet, trop souvent elles se sont soumises aux caprices de celui-ci, et se sont élevées contre les désirs de celle-là.

Or, en prenant le caractère d'une arme offensive dont se sert le bras du ministère, le pouvoir législatif perd ce précieux attribut d'offrir un rempart invincible au-devant de la couronne.

Ce n'est plus, ce ne sera jamais le Parlement d'Angleterre, lequel, sans empiéter sur la prérogative royale, se montre capable de la maintenir dans les crises et digne de la remplacer pendant l'*interim*.

Que le ciel écarte les périls! les Chambres rendraient l'image de cette triste assemblée du 20 mars, contrainte à se disperser à la voix d'un soldat.

La monarchie absolue serait plutôt accueillie

par les ames nobles, par les têtes saines : là, du moins, la couronne dégagée de tout voile, inspire le sentiment, suscite le dévouement ; et le cabinet tel qu'il puisse être, ne se voit pas investi d'une puissance illimitée.

Tout ordre de choses est à la fois valide et valable, pourvu que ses conditions essentielles soient observées ; tant le ciel favorable a pris soin de combiner le mécanisme social, d'y balancer l'action et la réaction.

Ainsi, la monarchie française, déjà adoucie par le caractère de la race régnante, et régie par les vieilles traditions, en même temps qu'influencée par l'opinion publique, se trouvait en outre contenue, et parfois comprimée entre des pouvoirs émanés des anciens temps, agrandis dans les temps nouveaux.

Au contraire, tout état de choses devient illicite, devient fatal, aussitôt que ses conditions sont violées ; nul état de choses ne persiste après que les principes qui le soutenaient ont été détruits.

A la première occasion, au premier accident, on verra s'écrouler avec fracas ce système aussi révoltant que ridicule, sous lequel le ministre se portant fort de la volonté de son maître, d'abord enlève les voix dans le cabinet, puis passe par l'antichambre dont les élus sont promus à son gré, sur les sièges de la pairie, sans autre tâche que de recueillir une majorité de boules vassales; enfin marche vers la chambre haute, où ses favoris n'ont pas encore tourné à l'ingratitude, avec la conviction souvent réalisée, d'y voir les plus vains projets métamorphosés en lois positives.

Non pas à l'égard des principes, mais sous le rapport du mode, c'est la constituante, la convention qui ressuscite; car, bien que le pouvoir législatif soit divisé en apparence, ses trois fractions ainsi réunies, se reforment en une unité.

On peut juger de la colère des ennemis, de la défiance des neûtres, de l'épouvante des fidèles.

Il y avait un roi :

Un roi issu de cette race tellement d'élite entre les dynasties de la terre, que la providence, à moins de destiner quelque être de nature angélique au gouvernement de la France, ne pouvait la gratifier mieux :

Un roi exilé du sol natal, pendant vingt-cinq ans, et presque inconnu à la génération contemporaine; devant lequel, à sa trop tardive rentrée l'escorte des souvenirs historiques fait tomber toutes les barrières; au-devant duquel, l'attrait de la personne et l'éclat du nom font s'attendrir les cœurs et se courber les têtes.

Cependant un orage a crevé sur le pays; ensuite, des nuages ont voilé la lumière; enfin, de sinistres éclairs ont sillonné l'horizon.

Il semblait que les autels sacrés ne dussent jamais rallier leurs adorateurs dispersés et glacés; on ne connaissait pas le prestige de la renaissance; on ne comprenait pas le grand sens de la devise française.

Le roi est mort : vive le roi !

Vive le roi ! c'est le cri unanime d'amour, de respect et de foi, au glorieux avènement de Charles X; c'est le cri mille fois répété à chaque regard qu'il laisse s'épancher, à chaque sourire qu'il laisse s'échapper, devers ses peuples.

Mais qu'est-ce donc devenu ?...

Et quels misérables oseraient soutenir, ou que les peuples, sans qu'aucune cause soit arrivée, aient cessé d'adorer leur prince, ou que le prince, en tant qu'il s'agit de sa propre personne, ait cessé de commander l'amour de ses peuples.

Misérables ! car à de tels propos, il est facile de les désigner par leurs noms, prénoms et surnoms, qu'ils soient expulsés de cette terre, par eux désolée et déchirée, qu'ils soient du moins éloignés de ce trône, par eux prophané et blasphêmé.

Soudain la France, rajeunie de trois pesantes années, rentre en 1824.

Ministre inouï encore dans les fastes du monde, les torts, les délits lui comptent sans doute ; mais c'est comme à décharge. L'un recouvre l'autre, en abolit tout vestige : ainsi que la tache isolée qui marquait et tranchait sur le fond, en s'étendant, imprime une teinte uniforme.

C'est le jeu le plus sûr pour lui, de se jeter d'écarts en écarts, de combler la mesure des excès ; car la haine, la colère mal avisées s'acharnent sur la pierre qui vient d'être lancée, oubliant des blessures toutes récentes. Il faut nous lapider.

Qu'on aille parler de la septennalité et de l'indemnité, lois agissant contre leurs fins ; ou du remboursement et de la réduction, projets aboutissant à néant ; ou de l'aînesse et de la presse, rêves entendus à rebours.

Qu'on aille parler de la prohibition des journaux naissans et de la spoliation de l'amortissement ; des marchés et des complots, quant à la presse périodique ; des artifices, des scandales et des iniquités à l'égard des élections ; enfin des destitutions dispensées en expiation des plus nobles actes et des nominations prodiguées en récompense de la plus lâche conduite.

Sur tous ces points, il y eut assez de bruit, assez d'éclat : mais les temps volent à tir-d'aile, emportant tout souvenir. Passons au déluge, s'écrieraient les adversaires même du ministre.

Pourtant ces mesures législatives ou administratives, dont la mémoire s'est réfugiée au sein de nos archives, imprudemment présentées sous le nom du roi, impudemment appuyées de la volonté du roi, ont frappé d'un coup chaque jour renforcé, les imaginations, ont presque étouffé sous leur poids redoublé, les affections.

Car l'effet désastreux se prolonge, se propage, alors même que ses causes se sont évanouïes sous les ombres du passé.

Passons au déluge, à ce déluge de coups d'Etat, qui commença en l'an de grace 1827, et se terminera on ne sait quand, on ne sait comment; peut-être en fermant à jamais le long cours des années de grace.

Ici surtout, le ministre poursuivi à outrance par l'opinion, et prêt à être forcé dans ses derniers retranchemens, tente d'élever au-devant des traits ennemis, le palladium sacré.

Ainsi, ce n'est pas lui qui a proposé, qui a provoqué, car la dénégation est réitérée, le licenciement.

Ainsi, c'est le trône qui repousse les fausses lumières, c'est le pouvoir suprême qui établit la censure.

Et comme le Monarque, sous peine de violer lui-même sa haute prérogative, est inhabile, est impuissant à démentir les paroles de son ministre, sauf en le chassant; ces actes, tellement incompatibles avec les sentimens et le bon sens des peuples, au moins dans les esprits vulgaires et dans les cœurs hostiles, sont censés provenir de la royauté même.

Puis, pour couronner l'œuvre, adviennent la dissolution d'une Chambre et le bouleversement de l'autre.

Dans ce dernier acte, le ministre aspirait principalement à commettre le Monarque vis-à-vis ses peuples, à entremettre le Monarque entre lui et les peuples; car c'est l'exercice du droit le plus éminent en réalité, du droit le plus personnel en apparence.

La dissolution est investie d'un caractère analogue; et de plus, celui qui prétend enchaîner l'inviolable trône, à son siége vacillant, ôsera prôner, préconiser ses créatures, sous le titre de candidats du Roi.

Il osera, chose qui passe toute idée, faire imprimer dans sa feuille officielle, que cette liste chargée de tant de noms répugnans, est signée par le Roi. (*Une autre Chambre*, p. 20.)

« Un des attributs naturels du Souverain est d'être censé posséder la perfection absolue; le Roi ne doit jamais être jugé capable de faire le mal. . . . . Le mal ne doit point être attribué au Roi. (Plaidoyer de l'avocat-général dans le procès du Courrier.)

Ainsi parlait Blackstone, en s'adressant seulement aux peuples, après que la catastrophe de Charles Ier avait jeté la plus sinistre lumière, et ne s'adressant nullement aux ministres, attendu qu'il n'y avait point encore eu parmi eux, d'exemples d'une trahison pareille.

Eh bien! tandis que le Courrier et le journal du Commerce n'avaient d'autre tort que d'imprimer aux conseils, le ton de la menace, c'est le ministre même qui prend sa leçon, de l'opposition la plus violente, qui la laisse en arrière de lui, dans ses attentats.

Car la puissance ne lui fut pas donnée de commander l'opinion, de dicter le jugement; et comme, en dépit de son idée, tout acte peut être pris en mauvaise part, peut sembler mal; en couvrant tel acte que ce soit du manteau de la volonté suprême, il expose le Roi à *être jugé capable de faire le mal;* il ravit au Roi son attribut naturel, *d'être censé posséder la perfection absolue!*

Mais laissons le coupable à la justice des remords, car la justice des châtimens, prétendant en vain s'élever au niveau des délits, peut-être déclarera son impuissance sous le titre d'incompétence.

Les conséquences forcées se sont traduites aussitôt en résultats déplorables.

On sait trop comment l'homme est disposé à prendre en mauvaise part, à trouver mal, tout acte de l'autorité ; comment le Français, à la suite de tant de gouvernemens perfides, est disposé à concevoir de la défiance, à croire le mal.

Il faut exalter le grand art du ministre, si vraiment c'était son ambition la plus chère de faire rejaillir sur les autels de la légitimité, quelque part de la haine qui l'assiège, de la colère qui le poursuit.

Or, après que les habitudes sociales ont été brisées, il ne restait que l'ascendant des Chambres, institué de nos jours, dont le temps devait peu à peu accroître la puissance, que l'amour du Roi, renaissant du vieil âge, dont le calme pouvait seul consolider l'empire.

Car la force, quand même on serait capable de s'y fier, contraint au lieu d'inspirer, et réprime au lieu de prévenir : la force ne s'exerce que sur les masses compactes, que dans les crises décisives, et ne s'ingère pas jusqu'en la source des volontés, jusqu'à l'origine des mouvemens.

Parmi les sauvages, les brigands, les escrocs même, l'association est maintenue à l'aide des influences morales, dont l'action semble s'accroître en intensité, d'autant que décroît l'autorité des lois positives.

En l'attaquant par l'idée, par le sentiment, c'est un jeu de dompter, de régir cette nature humaine, qui se compose d'intelligence et de sensibilité. Si ses vœux formels ne parlent pas, au moins ses besoins manifestes y invitent ; il lui faut être menée, être dominée ; elle s'avance sous la main, elle s'apprête au joug.

Ainsi que tant de chefs de secte et d'armée en ont donné la preuve, il y a moyen d'attirer et de lier l'idée à quelque règle que ce soit, d'appeler et de fixer le sentiment vers quelque être que ce soit.

Certes, sous ce dernier rapport, la tâche était facile, ou plutôt l'œuvre était accomplie : il suffisait de laisser faire, de laisser aller. Les peuples s'étaient donnés au Roi ; jamais ils ne se seraient dédits.

Et sous ces auspices tutélaires, les peuples rentraient en repos, revenaient à l'ordre, retournaient au bien ;

Sous ces garanties immuables, le Roi abaissait

son sceptre au dedans, élevait son sceptre au dehors, partout triomphait.

C'était le règne d'Henri IV, l'empire de Louis XIV.

On doit gémir, on doit trembler.

Le Roi aimait ; le Roi était aimé. Le Roi aime encore.

Arrêtons-nous là. Le respect interdit peut-être de pénétrer aux secrets intimes de l'ame, d'interroger les fibres sensibles, qui répondaient tellement à l'unisson, aux accens redoublés de l'amour.

Mais le dévouement commande de déchirer les voiles déja entr'ouverts du sinistre avenir, de tout mettre au jour.

Malheur à qui n'entend pas ce qu'il a lu dans l'histoire, ce qu'il a vu de ses yeux même !

Eh ! depuis quand le monde est-il enchaîné aux lois de l'inertie ? jusqu'à quand le monde doit-il garder l'équilibre le plus hasardeux ?

De toute part les noirs pressentimens surgissent : le royaliste et le ministériel sont saisis, sont possédés de la même idée ; seulement l'un travaille à reculer l'époque, à aplanir le passage, tandis que l'autre semble aspirer à devancer le temps, à aggraver la crise.

Il y aura donc, à quelque terme, en quelque mode que ce soit, des jours équivoques et périlleux, où l'ordre légal sera tenu en suspens, où le système social sera encore mis en doute.

Or, il faut entendre que, dans les agitations de la société, la masse nationale, bien qu'elle se laisse entraîner par l'impulsion étrangère, est calme au fond de ses vœux, est neutre dans le sens de ses intérêts.

Sauf quelques chances de malaise, l'amour la livre, la haine l'enlève; et si elle est enlevée, il n'y a plus même à combattre; si elle s'est livrée, il n'y a qu'à triompher.

Masse prépondérante, de quelque bord qu'elle passe, qu'elle pèse, le centre de gravité s'y jette et s'y fixe.

Et qu'on y songe ! la force n'est pas apte à soutenir la lutte; la force est prête plutôt à déserter ses drapeaux, à retourner ses armes : c'est du même sang, c'est au même sein que furent conçus et nourris ces frères dispersés entre la cité et les camps :

Haine, amour, règlent les destinées.

« Pour ceux qui voient dans la religion, autre
chose qu'une thèse à soutenir avec des phrases
oratoires, autre chose qu'une arme pour protéger
des complots ambitieux, les temps sont venus de
remarquer comment elle est déchue des espoirs
les plus probables et menacée des plus imminens
périls.

« Et la religion, la légitimité, ces deux sœurs
issues des faveurs de la providence, sont liées
sous une commune destinée ; c'est à l'abri du
trône que refleurit l'autel ; ce n'est pas sans l'appui de l'autel que se consolide le trône...

« Il s'agit ici d'un sujet sur lequel ni la force,
ni la crainte n'ont de prise : dans la sphère des
idées intellectuelles et isolées de tout contact
terrestre, l'opinion se forme en liberté, ne subit
aucune influence. On ne fait pas de la religion. »
(*Un Homme de trop*).

Dans l'ordre social, vainement on se condam-
nerait à imaginer ou à ressusciter des institutions
de nature quelconque, à organiser la famille, la

commune, la province, ainsi que le répètent sans
cesse certains publicistes. Ce ne sont que des formes illusoires, tant que le fond n'est pas établi ,
ne les soutient pas.

Qu'on aspire plutôt à fonder l'amour, le respect et la foi, à créer l'esprit de vie; là réside la
force ; de là émane la durée.

De même dans l'ordre religieux, la prescription
obligée est simple, est unique : faites aimer afin
de faire croire.

Et ne laissez jamais s'appuyer sur l'autel, des
intérêts étrangers; n'allez jamais marier aux
choses saintes, des projets répugnans.

Après que l'alliance naturelle de la religion
avec la légitimité, sous des auspices sinistres, n'a
porté que de tristes fruits; maintenant son union
forcée avec la légalité, dans des espérances perfides, sera encore plus funeste en produits.

Ici le ministre est sciemment et pertinemment
coupable, sans cesse jetant sur ses entreprises,
un voile plus ou moins sacré; tantôt le salut de
la monarchie, quant à la septennalité et au droit
d'aînesse; tantôt l'intérêt des provinces dans les
lois de remboursement; enfin le triomphe du
christianisme à l'égard des mesures sur la presse,
sur la censure.

Il est coupable s'il n'est pas insensé.

Dans les mesures politiques, il ne suffit pas de leur imposer une intention et de supposer son accomplissement : les combinaisons matérielles, seront sans doute exécutées à l'aide de la force ; mais les impressions, les affections morales se formeront souvent dans le sens contraire.

On aura conçu le bien en idée ; on aura enfanté le mal en réalité.

Il y a récalcitrance envers toute contrainte ostensible : il y avait répugnance envers le ministre, envers la chambre, auteurs conjoints du projet sur la presse. Sous de telles influences, il ne devait sortir même des plus justes principes, que les plus fatales conséquences.

De plus, le projet a été lâchement proposé au nom de la religion, a été follement exposé aux chances du rejet, en sorte qu'il a produit tout le mal, et n'a produit aucun bien.

« La loi suscite l'irritation et promet la répression ; si la répression est illusoire, l'irritation restera seule.

« Et voyez contre qui s'élèvent les reproches, s'apprètent les vengeances ? Contre la religion. La ruse se couvre de son manteau et la laisse dépouillée, nue, en butte aux outrages. » (*Des Journaux* etc.).

Cependant il a fallu préparer les voies, afin d'amener quelques pauvres esprits, à seconder le projet sur la presse, à favoriser le retour de la censure, afin surtout de se donner les moyens d'anéantir, jusqu'à la dernière feuille périodique.

Dans la vérité, aucun parti n'aspire à détruire la religion et ne s'égare au point de trembler en ces temps, devant son pouvoir : on a vu Bonaparte travailler à la rétablir; on verrait toute autre usurpation agir de même.

Mais quand l'autel et le trône semblent se confondre, pour ébranler l'un, on attaque l'autre; les ennemis de la couronne deviennent les adversaires de la religion.

C'est ainsi que quelques journaux avaient pris l'usage de déblatérer constamment, contre les pratiques, contre les ministres de notre culte : et l'un d'eux maintenant plus juste et plus décent, osait intituler sa chronique scandaleuse, du titre de *petite Gazette Ecclésiastique.*

Rien n'était plus naturel que de les traduire en justice, d'en obtenir vengeance, d'imposer ainsi le silence.

Le ministre a préféré attendre que les délits se fussent accumulés, de manière à lui donner le droit, à son dire, de solliciter leur suspension; au moyen de quoi il espérait les ruiner ou les acheter.

5

Et quand la cour royale pénétrant ses machia-véliques desseins, s'est refusée à y participer, l'arrêt qui ne prononçait que l'absolution légale, a paru décerner l'approbation morale.

D'où il est résulté un double dommage, à l'égard de la religion, sans aucun profit pour le ministre.

Poursuivons, en laissant de côté, la mise en jugement d'un prêtre célèbre qui dut aboutir à reprimer par une amende de 3o fr. cette doctrine tendant, dit-on, à bouleverser l'ordre social.

C'est en ces temps qu'apparaissent un mémoire, une dénonciation, écrits étranges, inouis, où le mal et le bien se rencontrent pèle-mèle, où les plus précieuses leçons sont perdues parmi les ou-trages, les impiétés.

Une immensité de sectaires décrépits et d'a-deptes imberbes, dévore ces ouvrages. Six édi-tions rassassient à peine ; chaque exemplaire court de main en main : il y a cent mille lecteurs peut-être.

La justice arrive toujours trop tard ; aussi on dit qu'elle se venge. Mais elle se venge en telle façon, que nul n'est tenté de la braver de nou-veau.

On ne sait pourquoi sa main impatiente de

frapper, s'est vue enchaînée : car un journal ministériel avait accueilli à la fin de 1825, quatre lettres
qui semblaient servir de préambule ; puis avait
fait l'éloge et pris la défense de l'auteur. (*Drapeau
blanc*, 1er mars et 30 août 1826.)

En tout cas, jamais encore la vindicte des lois
ne fut aussi vivement sollicitée ; et le renom, le
talent qui rendent plus dangereux, rendaient plus
coupable.

Dans les 800 pages des deux volumes, il y
avait à extraire une énorme quantité de faits cri-
minalisés par la loi ; insultes, outrages, calomnies,
diffamations envers des personnes et des classes,
envers le dogme et le culte.

Il y avait surtout à dénoncer aux tribunaux,
une imputation du crime de fraude et de trahison
contre les évêques de France, contre l'ordre du
haut clergé, auquel la sainteté de ses fonctions
interdit de descendre dans l'arène. (Voir à la fin
la 1re note.)

Soit que le ministre dorme réellement ou qu'il en
fasse semblant, les temps ne sommeillent pas ; les
temps marchent.

De même que les arrêts de la justice portent
coup, ses omissions, ses réticences ont leur effet
certain.

Si les tribunaux n'ont pas poursuivi et con‑
damné le trop fameux écrivain, c'est apparemment
parce que la loi autorisait sa conduite ; c'est peut‑
être parce que la loi lui dictait un devoir et par‑
lait par son organe.

Avec un tel raisonnement, l'opinion est entrée
et s'est perdue dans un cercle vicieux qui se voit
communément suivi, qui s'étend indéfiniment.

Ici la plume n'attaque que l'espèce humaine ;
dont la fatale condition diffère à peine, à partir
des esprits vulgaires, pour arriver aux plus fortes,
aux plus saines têtes. C'est un fait à narrer.

Certes, si la Cour royale avait été provoquée
à punir le délit, elle n'aurait pas ensuite accueilli
cette œuvre décorée du titre de dénonciation,
œuvre informe, indigeste, incohérente, dont le
texte mis au net suffit pour faire ressortir l'indi‑
cible ridicule (1).

Et la chambre des pairs, au cas qu'on eût osé
alors lui adresser une pétition analogue, aurait
cherché un autre mode que celui du renvoi au
ministre, dans sa louable intention d'éviter les
conséquences de l'ordre du jour pur et simple.

Or, qui dira quel mal ont fait et feront ces actes
des deux autorités tutélaires de la patrie, quant à

---

(1) Voir l'*Appendix de l'Invocation aux Autorités.*

la religion et à la monarchie; quant à la société même, à quelque époque qu'elle soit prise, sous quelque forme qu'elle ait subie. (Voir à la fin, la 2ᵉ et la 3ᵉ note.)

Bien loin de réprimer les scandaleuses calomnies, le ministre paraît prendre à tâche de leur fournir un aliment, d'en favoriser le développement.

L'enfer n'a pas besoin d'être remué, il se remue tout seul : s'écrie cet homme, dont la renommée acquise en la manière la plus désastreuse, menaçait de s'éteindre, puisqu'il lui a fallu pour la ranimer, jeter dans nos foyers un nouveau brandon de discorde (*des Jésuites*, etc.)

Sans doute l'enfer se remue tout seul : et pourtant il accueille tout aide qui s'offre à son appe

Qu'on voie plutôt quel parti a été tiré dans les trois diatribes, de certains actes, de quelques discours, lesquels en les supposant vrais, sont réellement ridicules ou insensés, ou même coupables: qu'on voie en quelle façon l'auteur a bâti sur des travers peu communs, sur des abus peu marquans le monstrueux colosse du parti prêtre.

Mais pourquoi cette idée, cette manie qui l'obsède, le possède à son insu, ainsi qu'on doit le reconnaître, s'est-elle ingérée dans son cerveau, s'est-elle saisie de toutes ses facultés ? mais comment a-t-il été mis en état, au moyen de la verve sans pareille que souffle le vertige, de propager d'une tête à l'autre, d'inoculer de toute part, la contagion ?

C'est que l'anarchie règne dans l'église.

« Nulle ligne de direction n'est tracée, nul régulateur du mouvement n'est imposé. Bien loin d'être observée, la règle n'est pas même établie; et la règle seule donne la mesure, maintient sur les voies, conduit au succès.

« Partout les lumières sont individuelles, les vertus sont individuelles : il en résulte des torts inévitables, des maux bientôt incurables.

« A qui la faute ? à ce ministre qui ne veut point de concile, point de synode, point de sorbonne; choses si simples à désirer, si faciles à exécuter, et nécessaires à la religion, autant que favorables à l'église gallicane.

« Pour qui le blâme ? ces haînes, ces outrages, ces calomnies le disent assez. Une foule de têtes bornées et d'imaginations déréglées accourant des deux bords de l'horizon, se rencontre et se rallie au vaste champ de la déraison. » (*Le Fanatisme anti-catholique*, page 35.)

(39)

Avançons d'un pas encore sur le même terrain,
car les voies du mal sont toutes parallèles.

« Surtout gardez-vous de croire que vous serez
tranquilles, en occupant toutes les places, que
les hommes religieux n'ont qu'à se trouver partout pour gagner la victoire, sans la conquérir :
(*Le Catholique*, 1827). »

Ces belles paroles n'ont point été écoutées par
le pouvoir, n'ont point été entendues par les con-
sciences.

Dans le triomphe des nobles et justes principes,
on n'a saisi que le succès du lâche et vil intérêt ;
la religion relevée, la royauté restaurée ont sem-
blé appeler au partage des profits ; toujours vouée
à servir de proie, c'est à une autre bande affa-
mée qu'est échue la patrie.

Au sein de l'administration, de la judicature,
et de l'armée même, quelques signes ostensibles
de dévotion, ouvrent les portes, poussent de grade
en grade.

Or, les personnes froissées ou lésées se livrent
aux plaintes, s'abandonnent à la défiance contre
un culte, qui applanit la carrière, qui couvre la
marche, qui mène aux fins : tandis que les gens
incertains, indifférens, ne voient plus que l'homme
dans les choses saintes, ne veulent plus des choses
saintes à cause de l'homme.

Il n'y a moyen de rendre l'image du désastre :

pour tel individu élevé en fonctions, cent autres, mille autres, se perdent dans le doute ou s'emportent en blasphêmes.

L'homme religieux aurait à frémir au lieu de se féliciter; car toutes les fois que les honneurs, les faveurs, sont dispensés à ce titre, qu'il soit faux ou vrai, l'opinion vulgaire est entraîné à confondre la piété et l'hypocrisie.

C'est alors que les factions interviennent, rappelant le vieux temps, montrant un état voisin, à l'imagination effarée : c'est alors que les ignobles intrigues, que les brigues sacrilèges sont représentées sous un faisceau, sont rattachées au même noyau.

Et voilà qu'on rève une congrégation dominante, puis un gouvernement occulte.

« Tout ainsi que dans les anciens possédés, ce n'était pas la pauvre créature humaine qui parlait, mais l'esprit qui était en elle; de même quand notre pauvre gouvernement parle, on est convaincu que c'est un esprit particulier qui est entré en lui.

« Le démon qui est entré dans le ministère et dont il est possédé, est connu : c'est l'ame du *parti-prêtre*, composée d'un élixir de l'esprit des jésuites et des deux congrégations. » (*Les Jésuites*, page 160 et 168.)

Tandis que la légitimité alliée d'origine avec la religion, devait à la fois et lui porter soutien et en recevoir secours, au moyen de leur ascendant commun sur l'opinion, il arrive au contraire que l'opinion, mise en état d'irritation, s'attaque successivement à chacune d'elles et remonte mutuellement de l'une à l'autre.

A la suite de tant d'idées insensées, de mesures arbitraires, de paroles déloyales, conçues dans le cabinet et reportées au compte de la couronne, lorsque les esprits se laissent aller à douter de la conservation des lois du royaume, ils sont facilement induits à craindre des usurpations, de la part de l'église.

Bientôt, dans les cerveaux troublés, des actes individuels, des faits accidentels, en eux-mêmes dénués de poids et souvent privés de sens, semblent appartenir à une pensée émanée du faîte, et prennent corps, font masse : c'est en un seul point, c'est au point le plus haut, que sont censés s'allier les prétendues congrégations, les jésuites ainsi dénommés et quelques missions, certains mandemens.

Il faut s'en rapporter au Coryphée du parti anti-prêtre, qui marche on ne sait où, car les effets qu'il produit, contrarient les vœux qu'il exprime.

« Caché ainsi, on voit ressortir l'esprit du

prêtre en mille manières , tantôt en lois sur le sacrilège , sur la presse , sur la censure , tantôt sous la forme de telle autre prescription. » (page 83).

« Vous êtes devenu un simple commis subalterne sous la main d'un comité de conscience , dont vous et moi nous connaissons parfaitement la composition....

« Parce que vous vous êtes engagé à ce parti , vous croyez que ce parti s'est engagé à vous ; il n'en est rien....

« Par une combinaison déjà accordée entre des prélats éminens et des députés marquans, on cherche à sauver la très douce influence du *parti prêtre*, (page 172-173).

« Comment monseigneur ! vous immoler , non pour servir votre pays, mais seulement pour servir les jésuites!...

« Au moment où il me faudrait prononcer sur votre accusation, je ne pourrais faire autrement que de vous condamner à mort (184-5.)

« N'hésitez pas à secouer le joug et des congrégations et du *parti prêtre*. Vous pouvez perdre un moment le ministère. Si vous y tenez, il vous reviendra avec l'appui et les suffrages de toute la France (p. 187).

Voilà que le ministre est mis à l'écart, est tenu à part : il ne fait rien de ce qu'il fait ; il ne parle pas quand il parle ; il ne veut pas ce qu'il veut.

Le pauvre homme !.....

Sur qui donc est rejeté, est repoussé le faix incommensurable de haines, de blâmes, de défiances ? La réponse est interdite.

Seulement on serait tenté de déplorer que le trône de France ait à porter un prince éminemment chrétien ; car il n'y aurait pas moyen à la perfidie ministérielle de fomenter de pareils soupçons, à l'antipatie religieuse de propager des rumeurs semblables, à la charge de l'impiété.

C'est le fou qui pérore, dira-t-on : oui, sans doute.

Mais ce fou, comme on peut juger par le débit de ses œuvres, possède de nombreux sectaires.

Ce fou, si on veut lire certains journaux, rencontre des alliés puissans.

C'est le fou, ou c'est le fanatique ; car ce dernier mot est synonyme du premier ; car ainsi qu'il a été vu pendant nos crises, le fanatisme anti-catholique ne reste au-dessous d'aucun autre.

Mais n'est-ce pas toujours et partout un fou, d'abord suivi, puis accompagné, enfin devancé par une miriade de fous, qui fait les révolutions ?

Et ce fou n'a-t-il pas été toujours et partout

merveilleusement aidé par de sottes gens , qui voyant de travers et agissant à contre sens, ne travaillaient qu'à réprimer ses attaques , ne parvenaient qu'à hâter son triomphe; par des têtes ardentes , qui n'aspirant qu'à satisfaire leurs passions, après avoir compromis l'Etat, se trouvaient, au plus juste titre, enveloppés dans sa ruine.

Or que voyons-nous ?

D'une part, c'est la société, la monarchie, la religion en péril : de l'autre, c'est le ministre à l'agonie.

Faut-il pour prolonger quelques instans une semblable existence, perdre à jamais de telles destinées ? la question se réduit à ces termes.

Il est pressant de la résoudre, car les esprits emportés au dernier degré de fougue, méconnaissent le juste, le possible, le désirable : dans les pensées, les paroles, les actions, tout est erreur, écart, excès.

Il est pressant de calmer, de réprimer : et comment calmer sans enlever la cause ? Comment réprimer, avant d'avoir resaisi la force.

Qu'on se hâte donc : les passions ont souvent besoin d'être défendues contre elles-mêmes : la colère est sujette à s'enferrer en portant le coup mortel. Et le coup mortel n'en est pas moins reçu.

L'irritation s'est tellement développée et propagée, que la justice au lieu de prêter son aide au pouvoir, répond à l'appel, par sa résistance ; et que la police, chargée d'une forte part de méfiance, fait naître ou croître le péril, en intervenant.

Ne parlons point de l'armée. La guerre a été dénommée *ultima ratio regum* : c'est à plus juste titre qu'on appelerait ainsi, l'emploi de la force à l'intérieur.

Qu'est-ce donc ? D'un bord, du sang, et de l'autre, du sang, toujours sorti de veines collatéralles ; des deux bords, du sang tiré au hasard, versé sans sujet, sans effet, et tot ou tard rejaillissant jusqu'au point éminent, d'où fut censé partir l'ordre.

Dans une telle extrémité, la victoire n'est pas le triomphe : le combat se renouvelle, car l'ennemi est bientôt relevé par la main même du vainqueur ; le succès tourne en revers, car l'ennemi possède des intelligences dans les rangs.

Sans le vouloir, sans le savoir, c'est pourtant là où marche le ministre.

Force lui est, de travailler sur la matière qui

est laissée en son maniement, de se traîner de coups d'Etat, en coups d'Etat.

Le ministre va ruminer *in petto*. Premier point, c'est chose impossible qu'il se détache jamais du trône : second point, rien n'est illicite pour conjurer une telle calamité.

Dans l'ordre légal, tous les pouvoirs sont armés, toutes les voies sont fermées.

Mais n'y a-t-il pas moyen de briser le mors, de s'échapper aux entraves ? l'opinion doit y être préparée par tant d'actes arbitraires; elle s'y attend peut-être.

Il faut tout craindre !

Portez le scalpel jusques dans les replis du cerveau : vous n'y saisirez qu'une idée fixe, qui se gonflant pour ainsi dire, en comble la capacité, en absorbe les facultés.

C'est l'état de manie, où nulle perception ne s'opère, où toute conception s'exalte, s'égare.

Depuis six ans que le ministre agit et parle, comme au nom, comme en place du monarque, il en est venu à s'imaginer que les existences sont liées, sont conjointes.

En sa personne résident les destinées de l'État: la charge lui est imposée de se maintenir, quoi qu'il en coûte.

Le fanatisme n'est plus rien : au lieu d'un ministre qui travaille à la gloire de l'autel, ici, le ministre se tenant pour identique avec la divinité, travaille au salut commun d'elle et de lui.

Il faut tout craindre.

Il venait d'apparaître, non pas une adresse au Roi mais une déclaration adressée au Roi par les évêques de France. Elle s'exprime cathégoriquement à l'égard de l'indépendance de l'autorité royale, sujet important sur lequel s'exerçaient depuis peu les thèses de l'école : elle ne s'exprime nullement quant à la suprématie du concile ou du pape, question abstraite qui n'avait pas été et qui ne pouvait être soumise aux débats.

Dans la déclaration actuelle, il n'est point fait mention de l'ancienne déclaration ; attendu, sous le premier rapport, que les évêques de France, parfaitement d'accord en 1826 et 1682, ont maintenant, tout comme alors, le droit d'émettre leurs opinions, d'établir leurs maximes, et auraient de plus le droit d'examiner et modifier les principes admis par la puissance à laquelle ils ont succédé ; attendu, sous le second rapport, qu'en l'année 1826, un siècle et demi écoulé depuis 1682, rejetait à une distance incommensurable le souvenir des démêlés entre les pouvoirs de l'Eglise, et que, dans l'ère où entrait l'Europe catholique, l'idée même se refusait à la possibilité de les voir renaître.

En un mot, les évêques étaient appelés à cautériser un vieil ulcère qui menaçait de se rouvrir, et non pas à raviver des plaies depuis long-temps fermées.

Tel est le texte dont s'empare avidement une imagination délirante. Et voici comment il est interprété; comment cet acte qui n'avait recueilli encore que des bénédictions, se trouve caractérisé et qualifié d'un trait de plume.

« C'est un acte attentatoire aux lois de l'Etat,

« Une adresse attentatoire aux droits de la couronne,

« Une prétendue profession de l'indépendance du trône,

« Une déclaration inventée pour anéantir la précédente,

« Une doctrine ultramontaine, vernissée de diverses manières,

« Une dernière espèce d'ultramontanisme,

« . . . . plus vénéneuse encore que la précédente,

« . . . . enveloppée de dissimulation,

« . . . . enveloppée des formes de l'adulation.

« C'est une adresse captieuse,

« *En ce que* ladite adresse ne fait pas mention de la déclaration de 1682,

« Laquelle, à raison de cette omission, a l'air d'être né-
« gligée, d'où l'on peut croire qu'elle est désormais jetée
« dans l'oubli.

« C'est un acte captieux,

« *En ce que* cet acte semble consacrer le dogme de
« l'infaillibilité du pape,

« Qu'on tient ainsi en réserve, pour le produire quand
« il le faudra, et d'une manière décisive, au premier
« conflit qui s'élèvera ou qu'on élèvera. » (*Invocation aux Autorités*, juillet 1826.)

Il faut analyser cet arrêt, et dans sa lettre, et dans son esprit.

Le réquisitoire tendait à ce qu'il fût dit par la cour qu'il n'y avait lieu à délibérer; l'arrêt porte que la Cour se déclare incompétente.

Quant à l'effet légal, ces deux formules ne différaient en rien : de même les parties étaient mises hors de cause; de même l'instance était comme non-avenue : et d'ordinaire la justice s'en contente.

Ne semblerait-il pas que l'effet moral ait été recherché, que la déclaration d'incompétence ait été préférée, afin d'amener en tête une série de considérans, afin de *moti ver* la présentation des motifs.

Mais qu'est-ce que des considérans qui n'ont aucun rapport avec le dispositif; qui n'ont point pour objet de justifier l'arrêt, de développer les principes, dont la conséquence doit être exprimée par l'arrêt ?

Les considérans se mettent à faire de la jurisprudence ou plutôt de la législation.

Suivant la teneur du premier, sont et restent en pleine vigueur, les arrêts et édits de 1760, 1764, 1771, de ces temps qui ne sont plus; et en outre certaine loi émanée sous le canon du 10 août, certain décret émis sous le bon plaisir de notre ci-devant maître, en ces temps qui ne seront plus, Dieu aidant.

Dans le texte du second, il est énoncé que ces actes sont fondés sur *l'incompatibilité reconnue* entre les principes professés par les jésuites et l'indépendance de tout gouvernement; puis, il est prononcé en premier et dernier ressort que lesdits principes sont bien plus *incom-*

patibles encore avec la Charte constitutionnelle : expressions jusqu'à cette heure inusitées dans le style judiciaire, et empruntées à la banale formule des actes de divorce.

Enfin, le même considérant proclame en point de droit, qu'il résulte desdits arrêts et édits que l'état de la législation s'oppose formellement au rétablissement de la compagnie *dite de Jésus.*

Cela fait, vient l'arrêt qui, se confiant en la vertu des considérans, déclare purement et simplement que la Cour est incompétente ; et récuse ainsi toute intervention de sa part, abolit ainsi la seule force capable de résistance.

Or, tous ces considérans, auxquels se rattachaient tant d'espérances, deviennent nuls et de nul effet, attendu qu'il a été décidé par la Cour de cassation, 1° que le jugement est tout entier dans le dispositif, 2° que les motifs des jugemens ne sont autre chose que des raisonnemens et des opinions. (*Le Fanatisme anti-catholique*, octobre 1826.)

« Le renvoi ne préjuge rien à l'égard de l'existence des jésuites : le renvoi n'a eu lieu que pour éviter les conséquences de l'ordre du jour pur et simple ; le renvoi n'est, à proprement parler, qu'un ordre du jour motivé, de manière à ne prononcer ni pour ni contre.

Or, qu'est-ce que ces prêtres qui, d'après le rapport fait à la chambre des pairs, se soumettent à l'ordinaire, quittent leurs maisons à volonté, ne se distinguent point

par un costume, ne demandent point le droit de bour-
geoisie? des prêtres séculiers !

Qu'est-ce que ces prêtres qui habitent la propriété de
tel ou tel citoyen, et sont appelés par l'évêque du lieu à
instruire ses séminaristes, sont autorisés par la loi commune à recevoir des pensionnaires? des prêtres diocé-
sains !

Il ne reste que Mont-Rouge : et que fait-on à Mont-
Rouge? faudra-t-il que la police s'y introduise, ou que le
serment soit déféré? faudra-t-il compulser la correspon-
dance, suivre les exercices, peser la nourriture, marquer
les heures du sommeil? car jusque-là, la loi ne sait rien.

Vous vous êtes mis en règle : avec la terre comme avec
le ciel, il est des accommodemens. Et Mont-Rouge est
fouillé, est traqué; ses hôtes ont vidé les lieux.

Mais vous n'expulsez pas comme les parlemens, vous ne
tuez pas comme la révolution. La compagnie de perdrix
qu'a dispersée un coup de fusil, n'est-elle pas douée d'un
sûr instinct pour se réunir le soir même en un gîte nouveau. Ce sera à recommencer sans cesse.

Dieu garde de le nier. Il existe des partis politiques
qu'on est en droit, qu'on est en devoir de combattre; car
leur triomphe serait un désastre. Combattez-donc, seulement que ce soit face à face, que ce soit corps à corps.

Quelque parti peut-être aura saisi et promène la bannière des jésuites; il en fait son enseigne : visez droit au
parti. La bannière serait renversée et foulée aux pieds;
peu lui importe : il n'est pas blessé par sa chute; il ne
manquera pas d'une autre enseigne.

Et vainement vous aurez affligé des pères de famille,
troublé les ames dévotes, ébranlé les croyances religieu-
ses; follement vous aurez aliéné de vous, une masse re-
commandable et puissante; vous l'aurez, en dépit de ses
vœux, repoussée, rejetée dans les rangs du parti dont
tout est à craindre. » (*Examen de la brochure*, etc.
mars 1827).

A. PIHAN DELAFOREST,
Imprimeur de Monsieur le Dauphin et de la Cour de
Cassation, rue des Noyers, n° 37.